PROCÈS-VERBAL

De la Cérémonie civique et solennelle qui a eu lieu dans l'arrondissement respectif de chacune des trois Administrations municipales du canton de Lyon, le 20 frimaire an 6, pour la replantation des arbres de liberté.

Extrait des registres des délibérations de l'Administration centrale du département du Rhône.

L'AN sixième de la République française, une et indivisible, le 20 frimaire, à dix heures du matin, ensuite des dispositions concertées entre les Administrations municipales du canton de Lyon, et l'Administration centrale, pour replanter dans chacun des trois arrondissemens de Lyon, un arbre de liberté, essence chêne, augure, par sa vigoureuse et séculaire animation, de la longue et glorieuse destinée de la République, se réunissent dans le sein de l'Administration, les diverses autorités, militaires, administratives et judiciaires, les écoles centrale et vétérinaire, le jury d'instruction, le con-

A

servatoire des arts, les juges-de-paix, et tous autres fonctionnaires publics du canton de Lyon, qui avaient été invités, la veille, à contribuer par leur présence à la solennité de cette journée sentimentale et patriotique.

Le cortége ainsi formé, défile et se met en marche entre une double haie de militaires, précédé d'une harmonie guerrière, d'un escadron de hussards, d'un détachement de grenadiers, et fermé par un escadron de cavalerie, et un second détachement de grenadiers.

Pendant tout le trajet, les accens mélodieux, électrisans et nationalisés par la victoire, du chant du départ, de l'hymne des Marseillais, et du prophétique *ça ira*, retentissent dans les airs, et descendent dans tous les cœurs y fortifier le sentiment religieux qu'impriment déjà, l'objet et l'intérêt de la réunion.

On arrive à la place de la Raison : là, un groupe d'agriculteurs est occupé à confier à une terre meuble, préparée depuis bien des jours avec tout l'art du planteur, les précieuses et nourricières racines d'un chêne déjà robuste, et destiné, dès ce moment, à perpétuer, au travers des siècles qu'il doit parcourir, le souvenir de sa consécration, et la gloire du peuple qui lui a dit:

(3)

crois et t'affermis avec la liberté française.

On entoure l'arbre vénéré, dans les branchages duquel flottent et s'enlacent des rubans tricolors dont l'ont paré des mains républicaines : une triple enceinte se forme, ou plutôt se dessine. La première se compose des planteurs, de l'harmonie de deux demi-brigades, et de la généralité des tambours ; la deuxième, des autorités et des établissemens publics ; la troisième, des militaires de toute arme, composant la garnison. Près de là, se presse une foule immense de spectateurs : l'ordre et la distinction que nécessitent l'appareil et la dignité de la cérémonie, sont maintenus ; les cœurs seuls se confondent et s'élancent vers ce ciel qu'on va invoquer pour rendre à l'arbre précieux, au retour du printemps, la séve qu'il obtenait de sa terre natale, et que ne lui refusera pas, sous l'influence du vœu public, sa terre adoptive.

Cependant, les trompettes et l'harmonie militaire rivalisent de talent et d'alégresse. Un orateur s'élève sur une estrade ; un roulement prolongé de tambours commande le silence qu'inspirent déjà l'impatiente attention et le respect : le citoyen GRONIER, administrateur municipal de l'Ouest, va parler ; il est bien sûr d'être écouté avec enthousiasme ; l'éloquence du patriotisme est dans ses yeux.

elle est encore dans son attitude ; il s'exprime en ces termes :

CITOYENS,

Depuis long-temps le royalisme s'efforçait d'effacer jusqu'aux dernières traces des institutions républicaines ; partout les emblèmes augustes de notre régénération politique tombaient sous ses coups sacriléges. Le 18 fructidor a lui sur la France, et les institutions républicaines reparaissent de toutes parts avec un nouvel éclat ; sur tous les points de la République, se relèvent triomphans ces arbres majestueux autour desquels se formèrent les premiers bataillons de la patrie.

Républicains ! ô vous qui n'avez pas abandonné un seul instant la révolution depuis sa naissance, vous vous rappelez sous quels auspices terribles s'élevèrent les premiers arbres de liberté. Une horde de rois s'était partagé la France à Pilnitz ; l'Europe entière courait aux armes pour marcher contre une seule nation, et cette nation, sans alliés, réduite à ses propres forces, était lâchement abandonnée par un grand nombre de ses enfans : des Français allaient joindre leurs armes parricides aux armes étrangères ; des Français plus perfides n'étaient restés dans l'intérieur de la France, que pour en ouvrir toutes les portes aux soldats de l'étranger ; partout se développait le germe de toutes les factions qui déchirent les empires. La Vendée se formait dans l'Ouest, et partout des prêtres impies en soufflaient les maximes dans les consciences crédules. La France allait être assiégée, elle allait devenir un camp, et ses soldats n'avaient aucune expérience militaire, et leurs chefs étaient des traîtres !

Citoyens, nous fûmes courageux, nous fûmes grands, lorsqu'au milieu de ces formidables circonstances, nous jurâmes de vivre libres ou de mourir ; l'arbre de liberté que nos mains venaient de planter, reçut ce serment : rois de l'Europe, vous savez si nous l'avons tenu. Vos innombrables armées ont fui devant le drapeau tricolor, les manœuvres profondes de vos émissaires ont été déjouées par la sagesse de nos vieillards ; vos villes et vos campagnes sont désertes, vos finances sont épuisées, et la république a triomphé ; elle a triomphé de vos soldats dans deux cents batailles rangées, elle a triomphé de vos intrigues, mille fois plus redoutables que vos armées ; elle en a triomphé en thermidor, prairial, vendémiaire et fructidor. Oui, elles étaient plus redoutables que les armes de l'étranger, les intrigues qu'ils soudoyaient au milieu de nous ; c'est du sein de ces intrigues que se sont échappés par torrens, tous les crimes qui ont inondé la révolution. C'est l'or de l'étranger qui a acheté le deux septembre, la tête de Vergniaud, le sac de Lyon, et tous les assassinats qui ont souillé le gouvernement révolutionnaire. Cet épouvantable système de réaction, cette septembrisation de trois ans, qui doute encore qu'elle ait été payée par l'or de l'étranger ? N'est-ce pas l'or de l'étranger qui soldait ces hommes profondément immoraux, qui, par leur nature, sont toujours disposés à se vendre aux factions ? ces hommes qui, depuis 89, ont combattu la révolution avec tant d'acharnement, ou l'ont outrée avec tant de férocité ? ces hommes qui avant thermidor dénonçaient des républicains, et après thermidor égorgeaient des républicains ?

Mais, Citoyens, l'or n'était pas le seul levier que sussent manier les agens de l'étranger : des hommes qui n'offraient aucune prise à ce levier puissant, suivaient, et ils ne s'en doutaient pas, leur impulsion traîtresse : avec quel art ils savaient séduire le patriote simple ou exalté, et le royaliste par opinion !

Républicains estimables, malgré les erreurs désastreuses dans lesquelles les émissaires de l'étranger vous ont entraînés, apprenez qu'ils ne vous ont dit si souvent d'arroser avec du sang humain l'arbre de la liberté, que parce qu'ils savent bien que le sang humain en brûle les plus profondes racines.

Et vous, Royalistes stupides, à qui les agens de l'étranger ont si souvent montré le ridicule Louis XVIII, à qui ils ont persuadé que l'ancien régime, objet de vos pleurs, et qui est à tant de siècles derrière nous, succèderait sans secousse au gouvernement républicain, apprenez qu'ils n'ont ameuté contre ce gouvernement paternel, vos préjugés absurdes, votre haine fanatique pour la philosophie, votre lâche amour pour l'esclavage, que parce qu'ils savent bien que l'existence physique de la France est liée au gouvernement républicain. Comment pourriez-vous ignorer encore que les rois n'avaient pris les armes que pour démembrer la France et s'en partager les lambeaux, comme des cannibales affamés démembrent le malheureux qui vient de tomber sous leurs massues, pour s'en partager les lambeaux palpitans ?

Et vous, Républicains, qui avez marché dans la carrière de la révolution, appuyés sur la sagesse et l'énergie, vous qui, au milieu des plus grands dangers, n'avez pas désespéré de la patrie : des vieillards assis, dans quelques siècles, à l'ombre de ce chêne, parleront à leurs petits-enfans de vos vertus ; ils leur diront qu'autrefois, lorsque la grande nation combattait pour la liberté, des soldats atteints d'une blessure mortelle, disaient à leurs compagnons : " Je meurs content, puis-» que la victoire est à nous. » Ils leur diront que lorsque tant de factions, toutes dirigées par l'étranger, s'agitaient pour étouffer la République naissante, des hommes courageux lui ont fait un rempart de leurs corps ; ils leur diront : Cet arbre vénérable, que nos pères consacrèrent à la liberté, n'ombragea point le berceau de la révolution, il s'éleva sous des auspices plus rians. Le plus puissant des rois de ces temps éloignés, venait de recevoir la paix, après avoir vu du haut des tours de sa capitale alarmée, les drapeaux de la République. La faction de l'étranger venait d'être foudroyée par un grand coup d'état ; ses élémens avaient été dispersés comme la poussière dont se jouent les vents ; il ne restait à vaincre qu'un peuple de corsaires, qui ne brava si long-temps la grande nation, que parce que la grande nation ne pouvait pas l'atteindre : cet insecte venimeux n'attaque-t-il pas le lion, ne le fatigue-t-il pas en se dérobant sans cesse à ses griffes redoutables ? Mais, ajouteront les vieillards d'un autre siècle, la grande nation a saisi le peuple corsaire, et l'Angleterre n'est plus.

Arbre vénéré ! voilà les discours que tu entendras dans la postérité. Un grand nombre de générations se reposeront successivement sous ton ombre hospitalière ; tu les entendras se féliciter de leur bonheur ; tu les entendras bénir la mémoire des hommes de la révolution ; la France ne se souviendra plus alors des maux inséparables d'une révolution aussi étonnante. Cette mère, qui repose sa tête blanchie par les ans, sur le sein tendre et respectueux de son fils chéri, se souvient-elle des fatigues de la grossesse et des douleurs de l'enfantement ?

Chêne auguste ! reçois aujourd'hui les sermens des républicains qui te consacrent à la liberté ; nous jurons en ta présence une haine implacable à l'infâme royauté, et à la féroce anarchie ; nous jurons de maintenir la liberté, l'égalité, la République une et indivisible.

Vive la République !

Des élans involontaires et nés du langage du cœur et de la raison avaient, à plusieurs reprises, interrompu l'orateur dans le cours de sa mâle et énergique harangue ; des applaudissemens universels, et qui duraient encore en se mêlant aux accords de l'harmonie, couronnent le modeste républicain Gronier, qui paraît n'être fier de tant de succès, que par la trempe que son ame forte vient de communiquer à son immense auditoire.

A 4

(8)

L'arbre de l'Ouest est affermi, célébré, consacré ; on le salue, on le couvre de regards touchans et de vœux prospères, on le quitte à regret ; mais d'autres inaugurations sont à faire, et le cortége reprend son mouvement, et se dirige dans son ordre primitif, et avec la même pompe, vers l'arrondissement du Midi. Parvenu à la place Confort, un nouveau chêne, d'une aussi belle stature, et offrant les mêmes espérances que le premier, s'élance majestueusement dans les airs, sous les efforts des bras robustes et savans qui l'ont *habillé*, et qui ont soigneusement amendé la terre vierge encore, qui le reçoit, et qui doit l'éterniser.

On s'approche ; une musique guerrière cadence la marche, et lui imprime ce caractère religieux qui ajoute à la solennité, et prépare les ames aux touchantes émotions; les rameaux de l'arbre étalent la même parure que celui de l'Ouest ; le cortége l'entoure ; l'ordonnance de l'appareil qui avait éclaté sur la place de la Raison, est reproduite ; ainsi que son effet : un fonctionnaire public s'avance, il aborde l'arbre symbolique, il va parler ; c'est le président de l'administration municipale du Midi ; il a bien le droit, ce citoyen recommandable, d'ouvrir la scène attendrissante qui se prépare ; c'est à son zèle, c'est à ses propres recherches qu'on doit la superbe plante, le magnifique monument qui s'érige à la liberté.

« Citoyens, s'est-il écrié, que la replan-
» tation de cet arbre, signe et gage tout
» ensemble de notre indépendance, fixe en-
» core, en la renouvelant, l'époque de la
» plus étroite et de la plus intime réunion
» entre les amis du bien, de l'ordre, de
» la paix et de l'humanité. (J'ai indiqué
» les seuls, les vrais républicains.) Arbre
» auguste, tu n'as point d'emblème heureux
» à offrir aux partisans de la royauté et de
» l'anarchie ; sois, sois, au contraire, l'é-
» pouvante de cette double tyrannie, et at-
» tire la foudre qui doit l'écraser, si jamais
» ses sectaires terrassés, et frémissant de
» rage et d'impuissance, osaient espérer de
» pouvoir secouer le poids de l'anathème
» national qui les tue. »

Cette invocation brûlante d'esprit public, est devenue le vœu général ; des applaudissemens prolongés et soutenus par les cris mille fois répétés de *vive la République*, précèdent le plus profond silence. L'orateur chargé du discours inaugural, se présente, s'élève, et l'éclatante alégresse se trouve suspendue pour faire place à l'admiration : le citoyen MARTIN, Commissaire du Direc-toire exécutif près l'administration munici-pale de l'arrondissement du Midi, laisse échapper les principes et les vérités dont son cœur est plein ; il s'empare de son sujet, il maîtrise l'attention, et dit :

CITOYENS,

Combien est solennel ce jour où, réunis sur cette place publique, nous élevons de nos mains ce chêne majestueux, qui doit fournir désormais les récompenses civiques. Tant que les ennemis extérieurs ont été armés contre notre patrie, les Français n'ont dû songer qu'à la défendre. Après des exploits inouis, d'innombrables victoires, la République est pour toujours affermie : nos intrépides soldats ont moissonné tous les champs de lauriers, ils en sont couverts. . . . . Graces vous soient rendues, invincibles armées ! sans vos efforts surnaturels, la France fût rentrée dans l'esclavage ; elle n'eût apperçu que l'aurore de la liberté, et la tyrannie courroucée eût aggravé le poids de ses chaînes.

Perdons le souvenir des maux inséparables d'une révolution, il empoisonnerait le bonheur que nous devons goûter. Les fâcheuses réminiscences attisent les passions haineuses. elles aigrissent le cœur et en éloignent les douces affections. Le voyageur, après une longue traversée dans laquelle il a été fortement battu par la tempête, descend-il sur une terre fortunée ? il oublie les flots irrités, les écueils qui bordaient son passage ; il se livre aux charmes de ce nouveau séjour ; il jouit délicieusement du présent, et embellit encore l'avenir des doux rayons de l'espérance.

Industrieux habitans de cette cité, vos malheurs passés vous rendent plus intéressans : l'on vous égare sur leurs véritables auteurs. Un ennemi envieux de vos manufactures, le barbare gouvernement anglais, avait résolu votre perte ; il voulait que Lyon disparût sous les flots confondus du Rhône et de la Saône. Corrupteur cabinet de St-James, tes vœux cruels ne seront pas exaucés ! Lyon subsiste encore, et deviendra plus florissant que naguère il l'a été. . . . . . L'histoire nous apprend que cette ville fut plusieurs fois ravagée. Les fureurs humaines, les convulsions des élémens ont apporté sur elle, à de grands intervalles, les fléaux de la destruction ; elle s'est toujours relevée de ses ruines, pour briller d'un plus bel éclat. Sa situation topographique, au confluent de deux rivières, véhicules de la plus riche abondance, la fertilité de ses campagnes, tout lui promet une splendeur nouvelle. O mes compatriotes ! acceptez-en l'augure ; écartez de vous les insinuations de la malveillance, qui s'efforce à vous persuader que le gouvernement républicain est la cause de vos désastres ; il vous protège, au contraire ; il a pour vous des sentimens paternels ; il n'exige, en retour, que ceux d'une reconnaissance filiale.

La République française excite l'admiration générale de l'Europe ; elle la considère comme un peuple de héros ; ne serait-ce que dans l'intérieur que sa grandeur serait méconnue ? Espère-t-on avilir *la grande nation*, dont la gloire est montée au dernier degré de hauteur ? Les hommes sont nés égaux et libres, ils doivent se gouverner par les principes d'une sage démocratie ; ils perdent toute leur dignité, lorsqu'ils inclinent le front devant un maître, et présentent la tête au joug ; ils se rabaissent à la condition de la brute, que le Créateur a soumise à son chef-d'œuvre.

Les institutions sociales préparent les bonnes mœurs, qui seules peuvent fonder la félicité publique. Des fêtes simples, sans apprêt et sans art, rappellent à la bienfaisante nature. Des citoyens assemblés sous la voûte du ciel pour y célébrer des époques chéries, resserrent entre eux les liens de la douce fraternité ; leur ame acquiert, en même temps, ce ressort énergique qui se fortifie par le rapprochement ; semblable à l'étincelle électrique qui se communique instantanément à des distances immenses, par le contact immédiat des corps.

Accourons désormais sous l'ombrage de cet arbre sacré ; qu'il soit le point de ralliement des jeux et des réjouissances publiques. Que les parens viennent célébrer autour de lui la naissance de leurs enfans, les jeunes époux leur tendre union. Il est destiné à traverser les siècles futurs. Nos neveux révèreront ce chêne devenu antique ; ils se rappelleront avec sensibilité, que leurs aïeux l'ont planté en l'honneur de la liberté par eux recouvrée. Puissent ses rameaux orner souvent la tête des hommes à qui le peuple décernera des couronnes civiques pour des services rendus à la patrie, ou pour des actions de vertu et de bienfaisance ! Puissions-nous voir les Français réunis par une réconciliation sincère et inaltérable, rendre, auprès de ces plantes symboliques, un hommage pur à l'Eternel, y professer, dans des jours remarquables, cette religion universelle, qui ferait de tous les hommes de l'univers, un peuple d'amis et de frères !

Et toi, sublime auteur de la lumière, principe vivifiant du monde, Soleil ! répands ta bénigne influence sur ce chêne chéri ; que ta chaleur tutélaire le fasse reverdir tous les printemps ; que, chaque année, s'élève de plus en plus sa tête altière ; qu'il parvienne à la postérité la plus reculée ; et que les citoyens, charmés de son accroissement, s'écrient, en le voyant, avec un enthousiasme toujours nouveau : *Vive la République !*

Vive la République ! Ce refrain adopté, parce qu'il tient à l'instinct de l'homme libre, est devenu un sentiment, et circule de bouche en bouche, comme des flots pressés par l'impulsion d'une pente rapide ; des applaudissemens universels couronnent ce triomphe du patriotisme que partage l'orateur éloquent, qui a fait passer sa chaleur républicaine dans toutes les ames.

Ce second acte de *la belle journée lyonnaise,* achevé, on se remet en marche, pour se

rendre à la place de la Liberté, où un troisième arbre attendait le cortége inaugura-
teur. Cet intermède est rempli, comme les
précédens, par les accords éclatans consacrés
à la République et à la victoire ; les oreilles
privilégiées sont ravies ; les cœurs, échauffés
par la jouissance la plus pure, désirent une
jouissance de plus ; l'enthousiasme et l'alégresse sont à leur comble ; les bras s'enlacent ; c'est un faisceau d'hommes libres qui
s'avance, qui se précipite ; c'est un corps
qui gravite par sa force morale, vers un
point mystérieux, objet de son amour et de
sa vénération : on arrive, la colonne civique se déploie et circonfère, dans la pompe
et le rite adoptés, l'arbre auguste qui va
devenir indestructible et sacré ; il est, comme
les deux autres, magnifique, orné de ban-
delettes nationales, soutenu dans les airs par
des agrès que les planteurs ont établis,
et vacillant encore, jusqu'à ce que les républicains lui aient dit : Soutiens-toi de ta pro-
pre élasticité ; la terre qui te reçoit et qui
te promet la vie, te serre et t'imprime l'à-
plomb et la solidité : symbole de la force
républicaine, présente-toi dans tout l'éclat
de ta riche espérance à l'émulation de l'âge
présent ; te voilà consacré à la liberté et à
la vénération de nos descendans ; te voilà lié
à l'immensité des temps, comme à la destinée glorieuse des Français.

Pendant que l'arbre se consolide et reçoit l'attitude majestueuse qu'il ne doit plus perdre, le citoyen Lamanière, artiste et citoyen estimable, qu'on est bien sûr de rencontrer partout où se manifeste la publique joie, dirige l'exécution d'une harmonie ravissante, prélude d'un chant de sa composition, sur des stances dont ont fait hommage deux poëtes attachés au grand théâtre.

Une voix forte et brillante, et que semblent étendre encore le silence de la surprise et le sentiment du chanteur, porte au loin les couplets suivans :

O jour heureux! ô jour de gloire!
La France revoit ses guerriers;
Sous les drapeaux de la victoire
Ils viennent couverts de lauriers.
Rendons hommage à leur vaillance,
Leur triomphe est bien mérité;
Pour signe de reconnaissance,
Que l'arbre saint soit replanté.

ARBRE sacré! que ton ombrage
Ne soit ensanglanté jamais.
Sous ton abri, qu'un peuple sage
Goûte les douceurs de la paix.
Sois le garant sur qui repose
La foi, le bonheur des mortels;
Que toujours la vertu t'arrose,
Tes rameaux seront immortels.

HÉROS que l'univers contemple,

Vainqueur d'Arcole, enfant de Mars,

De tes exploits le rare exemple

T'élève au-dessus des Césars.

Poursuis ton immortel ouvrage,

Venge encore l'humanité;

L'Anglais t'attend, confonds sa rage,

Donne au monde la liberté.

Ces maximes, ces vœux et ces hommages républicains sont recueillis, par l'immense auditoire, avec une avidité au-delà de l'art de décrire, et couronnés du plus brillant succès, par le charme de la musique, et par des applaudissemens continuels.

Ce n'était pas le terme de l'enchantement général; un savant dont l'éloge est fait en le nommant, le citoyen CARRET, administrateur du Département, s'élève; et la multitude qui le distingue, s'attend déjà à ces ébranlemens de l'ame que l'entraînante éloquence et la mâle déclamation de l'orateur, est en droit et en habitude de lui faire éprouver : tout restera de son discours dans le cœur et dans la mémoire de l'auditeur le plus éloigné; c'est une ame forte qui s'exhale par un organe tonnant; écoutons :

CITOYENS,

NOUS venons aujourd'hui planter avec vous l'arbre de la liberté; nous venons vous parler de cette divinité bienfaisante, fille de la philosophie et de la sagesse, qui ne parle et n'agit que pour le bonheur de l'humanité, qui n'exige d'autre sacrifice que celui de coordonner l'intérêt particulier avec l'intérêt du plus grand nombre. Nous venons vous parler de ce génie protecteur de tous les êtres à qui la volonté du Créateur donna la vie, pour en jouir au sein des sociétés, à condition d'en partager les douceurs et les peines avec leurs égaux. . . . . . Loin de nous l'idée de vous parler jamais de cette prétendue liberté qui, sous le prétexte d'une égalité chimérique, essaya de niveler les propriétés et les fortunes. . . . . . Nous sommes tous bien convaincus de cette grande vérité, de cette vérité proclamée au cœur même des despotes : QUE LES HOMMES NAISSENT ET DEMEURENT LIBRES ET ÉGAUX EN DROITS. L'idée de cette vérité nous console tous ; mais n'en abusons pas, Citoyens. L'égalité absolue n'existe que devant Dieu et devant la loi : devant ces deux tribunaux augustes, tout l'orgueil, toutes les puissances du monde viennent s'abymer et se confondre.

Oublions, Citoyens, oublions les épreuves difficiles et douloureuses par lesquelles nous avons tous passé, et reportons-nous ensemble à ces premiers instants de la révolution, à ces momens heureux où tous les Français, pour ainsi dire, étaient ses amis ; où la patrie comptait autant de défenseurs qu'elle avait d'enfans, où la majorité du peuple, dirigée vers la liberté, sanctionnait les lois qui devaient l'affermir, et repoussait l'étranger qui avait osé dépasser ses barrières. Alors nous étions tous amis, nous combattions tous, presque tous pour la même cause, la liberté. Alors nous venions sous l'ombrage de ces arbres chéris, sous ces arbres parés des couleurs nationales, jurer haine à la tyrannie, attachement et fidélité à la patrie. . . . . . Que sont devenus ces sentimens généreux ? L'amour de la patrie, le brûlant amour de la liberté, s'est-il refroidi dans nos cœurs, Citoyens ? Et tandis que l'étendard tricolor flotte aux rives de la Grèce, saisie d'étonnement et d'attente. . . . . . tandis que l'arbre de la liberté est

planté par nos armées victorieuses, sur la terre où
naguère, régnait la tyrannie la plus oppressive, les couleurs nationales sont avilies, sont insultées dans l'intérieur de la République ; la liberté est dédaignée ; ses
symboles, ses attributs chéris sont renversés!!! Des fac-
tieux voudraient arborer à leur place, le drapeau désho-
noré de l'ancienne cour, et élever ces arbres de ser-
vitude, que l'esclave plantait jadis aux portes des palais
de ses oppresseurs ! Serions - nous donc, Citoyens,
spectateurs indifférens de tous ces attentats à la volonté
nationale ? serions - nous donc insensibles aux triomphes
et à la gloire de nos armées ? serions-nous donc insensibles aux charmes de la liberté ? . . . . Ah ! ne l'accusons pas, cette liberté sainte ! ne l'accusons pas des
crimes commis pendant la révolution ; la liberté les dé-
savoue, ils ne sont pas son ouvrage ; ils appartiennent
tous au génie malfaisant de ses plus cruels ennemis. . . .
Et si d'orgueilleux dominateurs ont voulu décimer la
France et régner sur des cadavres, ... les amis de
l'autel et du trône n'ont - ils pas aussi voulu régner
par la terreur ? n'ont-ils pas armé la Vendée, organisé
l'assassinat ? n'ont-ils pas, pour ainsi dire, divinisé la
vengeance ? ne nous ont - ils pas montré l'assemblage
hideux de tous les crimes à - la - fois ? . . . . .

Les ennemis du Gouvernement proscrivent, dans leur
délire extravagant, et les défenseurs de la liberté, et les
institutions républicaines ; et pour en éloigner le peuple,
ils le trompent sur le véritable but de ces institutions ;
ils disent que ce sont les avant-coureurs de la terreur ;
mais ils savent bien qu'elle ne doit et ne peut atteindre
qu'eux et leurs agens. . . . . Ils savent bien que le gouvernement républicain est un gouvernement paternel ,
un gouvernement juste, qui punit le crime seul, et par-
donne à l'erreur. . . . . Ils savent bien que ce gouvernement demande plus d'attachement que de crainte ;
qu'il sourit en faisant du bien, et gémit en punissant. . . . .

Le royalisme adroit, cet éternel ennemi de la République, cet ennemi toujours vaincu, et qui ne se croit
jamais qu'abattu, se mêle dans les rangs des patriotes,

il cherche à les diviser, il sème parmi eux la défiance
à l'œil louche, le soupçon au teint pâle et livide; il
cherche à introduire l'esprit de secte; il donne aux uns
l'épithète de modérés, aux autres celle de révolution-
naires exaltés; il prête à chacun des sentimens dif-
férens, pour faire de tous des ennemis irréconciliables
entre eux; et à l'aide de ces divisions intestines, il ga-
gne la confiance, il trompe la masse crédule, il fait
nommer des Représentans qui lui sont dévoués, il in-
troduit au Directoire, aux armées, les agens des rois
coalisés, les hommes vendus à la cour de Blankem-
bourg.... On rapporte alors les lois protectrices de
la République, on trace une ligne de démarcation entre la garde nationale sédentaire et la garde nationale
en activité de service aux frontières; on oublie les pen-
sionnaires de l'état; on affecte une pitié hypocrite sur
le sort des ministres du culte; on essaye de rétablir
les cloches, pour en faire un tocsin contre la patrie;
on voudrait aussi rétablir les droits féodaux; on paralyse
l'action du Pouvoir exécutif; on insulte à la gloire de nos
armées triomphantes, à leurs chefs invincibles; on s'a-
pitoye sur le sort mérité de l'olygarchie de Venise et
de Gênes; on avilit la justice et les tribunaux, en palliant
des crimes avérés, des crimes reconnus; on désigne aux
poignards des assassins, les acquéreurs de biens nationaux;
on abat les arbres de la liberté; on foule aux pieds tous
les élémens de la République; enfin, on prêche ouver-
tement la guerre civile, la contre-révolution et toutes
ses horreurs......

C'en est fait alors, Citoyens, la patrie se couvre
d'un crêpe funèbre..... La liberté va périr.....
La République triomphe au dehors, et ses amis, ses
défenseurs intrépides, et tous ses signes de gloire sont
profanés, sont proscrits au dedans!!!! Jours de honte,
jours d'exécrable mémoire !!!! disparaissez, disparaissez devant le grand jour de bienfaisance, devant le
18 Fructidor..... Graces te soient rendues, immortel Directoire! tu as foudroyé de la puissance de ton
génie, tous les ennemis de la République. Le Gouver-

nement a brisé ses entraves, le Conseil s'est épuré, les premiers pouvoirs de la nation se sont replacés à la hauteur de leur dignité naturelle ; ils ont, en un seul jour, acquitté la patrie envers les armées ; en un seul jour, ils ont sauvé la liberté du monde.

Les jours de deuil sont passés, Citoyens ; le Gouvernement a détruit l'espoir des rois coalisés ; il a saisi d'une main assurée, les fils de toutes les conjurations, il a déjoué tous les complots ; encore quelques instans, et la République et les institutions républicaines seront à jamais consolidées ; encore quelques instans, et la victoire consolidera à son tour, la paix avec toutes les nations ; et la victoire forcera l'orgueilleuse Angleterre à déposer le sceptre des mers, à restituer aux nations outragées, toutes les sources usurpées de leur commerce et de leurs richesses.

Citoyens Français, imitons les Romains, abjurons toutes nos haines, oublions tous nos ressentimens ; soyons sensibles aux maux de notre patrie commune, confondons tous nos intérêts avec les siens. Que la patrie soit pour nous le Capitole autour duquel nous nous rassemblerons toutes les fois que nos destinées communes seront menacées ; que la constitution de l'an 3 soit pour nous, ce qu'était l'ombre de Romulus pour les Romains. Si la patrie est en danger, pressons-nous autour d'elle, embrassons l'arbre de la liberté d'une main, et de l'autre, vengeons-la de ses ennemis. Que l'univers apprenne qu'une nation qui a brisé les fers des peuples qui ont voulu être libres, ne peut jamais être asservie. Que les tyrans disparaissent, et que la patrie respire à l'ombre de la paix et de l'arbre de la liberté.

VIVE LA RÉPUBLIQUE!

VIVE L'ARBRE DE LA LIBERTÉ!

Les grands effets que promettait la renommée de l'orateur, sont réalisés ; les voûtes des airs retentissent long-temps des cris de *vive la République*, *vive la Liberté*, et de l'éclat des applaudissemens ; à ce bruit vraiment superbe, à ce fracas, pour ainsi dire, de joie et de sentiment, on semble reconnaître ce dernier jet de feux compartis et répandus dans l'espace qu'ils sillonnent de traces brillantées, et qui couronnent le magnifique spectacle d'un feu d'artifice.

Ainsi se termine la mémorable journée du 20 frimaire an 6.

Collationné certifié conforme :

GUIGOUD, Secrétaire en chef.

A *LYON*, de l'Imprimerie de BALLANCHE et BARRET, aux Halles de la Grenette. An 6.